Género Texto expositivo

Pregunta esencial

¿Cómo se adaptan a su medioambiente los seres vivos?

CRIATURAS DE LAS CUEVAS

Jocelyn Cranefield

INTRODUCCIÓN

Hay cuevas en todas partes del mundo. Con frecuencia se extienden más allá de su entrada hasta llegar muy profundo bajo la superficie de la Tierra. Al comienzo, una cueva solo podría parecer un espacio oscuro y desocupado.

Si enciendes tu linterna en el interior de una cueva, probablemente veas un espacio vacío. Pero si entras, hay posibilidades de que no estés solo.

Las cuevas pueden estar en la costa, en el bosque o bajo el desierto. Algunas están hechas de piedra caliza y otras de mármol o lava. Algunas cuevas están llenas de hermosas formaciones rocosas, mientras que otras están llenas de gases olorosos y venenosos. Sin embargo, todas las cuevas del mundo tienen algo en común: son un **refugio** para los animales.

La cueva Lechuguilla en Nuevo México es famosa por sus hermosas formaciones minerales.

MICHAEL NICHOLS/National Geographic Creative

Algunos de estos animales son visitantes, mientras que otros son residentes permanentes. Muchas de estas criaturas han desarrollado adaptaciones que las ayudan a vivir en un medioambiente de cueva. Las adaptaciones son características especiales que ayudan a un ser vivo a sobrevivir en condiciones particulares.

CUEVAS DE TODOS LOS TAMAÑOS

Los exploradores han descubierto más de 50,000 cuevas naturales en el mundo. Algunas cuevas son túneles sencillos, pero otras son sistemas de espacios subterráneos conectados. La cueva más profunda conocida es la Krubera, ubicada cerca del mar Negro. Tiene al menos 7,188 pies de profundidad. Su profundidad se compara con la altura de algunos edificios altos que se muestran a continuación. La cueva más larga del mundo es la Mamut de Kentucky. Este **laberinto** de piedra caliza ocupa más de 350 millas bajo tierra.

La cueva Krubera

CAPÍTULO UNO

DE LA ENTRADA A LA ZONA SEMIOSCURA

A medida que el sol se oculta, estos murciélagos salen de su cueva para cazar.

Algunos animales, como murciélagos, zorrillos, mapaches y serpientes, visitan las cuevas para refugiarse o para dormir. Permanecen cerca de la entrada de la cueva, donde puede ser cálido en invierno y fresco en verano. Estos animales se llaman trogloxenos o visitantes de las cuevas. Los trogloxenos solo pasan una parte de su vida en las cuevas. No pueden sobrevivir sin ir al exterior a conseguir su alimento.

El murciélago mexicano sin cola es un trogloxeno. Es **nocturno** y se establece durante el día en **colonias** que cuelgan de los techos de las cuevas. Al atardecer vuela fuera de la cueva para atrapar y comer insectos.

Como la mayoría de los murciélagos, el murciélago mexicano sin cola tiene una adaptación llamada ecolocalización, que le ayuda a encontrar su camino en la oscura cueva. El murciélago emite chillidos de tonos muy altos y después escucha el eco, útil para descifrar dónde están las cosas.

En algunos lugares, los murciélagos hibernan en cuevas durante el invierno. Sin embargo, no permanecen allí todo el invierno dormidos. Usualmente se despiertan de su estado inactivo cada 15 a 30 días por períodos cortos. El lugar donde un murciélago hiberna se llama hibernáculo.

En climas fríos, algunas veces los osos también permanecen en las cuevas durante el invierno. Como el aire en el interior de una cueva es más caliente que en el exterior, ayuda a los animales a aislarse del frío.

El murciélago de grandes orejas de Virginia, en peligro de extinción, hiberna en las cuevas de Virginia Occidental.

Los osos entran en un sueño profundo durante el invierno. Algunos científicos lo consideran como un tipo de hibernación.

(t)U.S. Fish & Wildlife Service/Craig Stihler; (b)Juniors Bildarchiv/R304/Alamy Stock Photo

El gusano luminoso puede apagar su luz si oye un ruido.

Más hacia el interior de la cueva se encuentra la zona semioscura, una zona gris, fría y húmeda. Allí hay muy poca luz, así que las plantas no crecen. Muchas de las criaturas que viven aquí son troglófilas, o amantes de las cuevas. Pueden permanecer toda su vida en las cavernas, pero también pueden sobrevivir en el exterior. Los troglófilos incluyen ciertos tipos de arañas, lombrices, escarabajos, ranas y grillos.

Como el alimento en esta zona es escaso, la supervivencia de los animales que viven aquí no puede depender exclusivamente de su sentido de la vista. Para localizar el alimento y moverse usan otros sentidos, como el oído y el tacto. Sus adaptaciones los ayudan a vivir en estas condiciones.

El gusano luminoso, que es la larva de una especie de mosca, también es un troglófilo. Su adaptación es la habilidad de encender su abdomen para atraer a la presa. Primero el gusano teje una red de gotitas pegajosas y después enciende su luz. Así esconde en reserva a sus víctimas en la red hasta que necesita comida.

El weta de cueva de Nueva Zelanda es un grillo que vive en colonias en la parte inferior de los techos de las cuevas. Tiene **antenas** extralargas, hasta siete veces más largas que su cuerpo. Estas antenas le ayudan a navegar y a encontrar su alimento alrededor. Con su cuerpo diminuto y largas patas, ¡este ágil insecto da saltos de más de 6 pies!

Las largas patas del weta de cueva de Nueva Zelanda le ayudan a saltar rápidamente fuera del peligro.

ADAPTACIÓN AL SILENCIO

En un lugar donde el alimento es escaso, ¡es útil permanecer callado! En lugar de cantar, el grillo de cueva africano se comunica secretamente. Usa sus alas para enviar pequeñas ráfagas de aire en forma de rosquilla, llamadas vórtices. Otros grillos de cueva pueden sentir los vórtices, pero sus depredadores no.

¿Qué comen los animales en una cueva? Las plantas no pueden crecer en la oscuridad, pero los **nutrientes** provenientes de las plantas sí son transportados a las cuevas de diferentes maneras. La lluvia y los arroyos subterráneos arrastran ramitas, hojas, semillas e insectos. El excremento de animales como murciélagos y grillos de cueva incluyen material vegetal reciclado. Estas son fuentes importantes de alimento para los habitantes permanentes de las cuevas.

El **moho**, los **hongos** y las **bacterias** descomponen todo este material orgánico y hacen posible que los animales microscópicos lo coman. Los habitantes más grandes de las cuevas se comen a estos animales microscópicos. Los animales más grandes son el alimento de otros depredadores de las mismas cavernas.

LEONES DE LAS CUEVAS

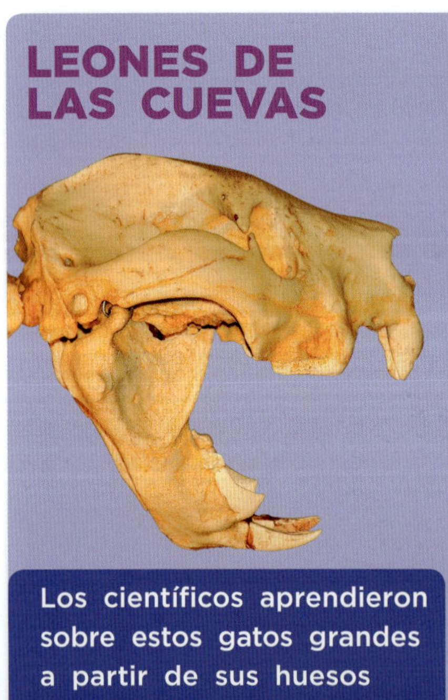

Los científicos aprendieron sobre estos gatos grandes a partir de sus huesos antiguos.

Al determinar la edad de los huesos encontrados, los científicos creen que el león de cueva europeo vivió entre 12,000 y 40,000 años atrás. Era aproximadamente 25% más grande que los leones actuales. Ellos creen que es probable que no viviera la mayor parte del tiempo en las cuevas. Se llama león de la cueva porque se hallaron sus huesos en cuevas.

Como las condiciones bajo tierra son estables, los esqueletos de los animales se conservan por mucho tiempo.

covenant/Shutterstock

LA RED TRÓFICA DE UNA CUEVA

Los nutrientes del guano, o excremento de los murciélagos, y otros materiales son descompuestos y reciclados por algunas criaturas de las cuevas y organismos microscópicos. Estas criaturas son el alimento de depredadores más grandes.

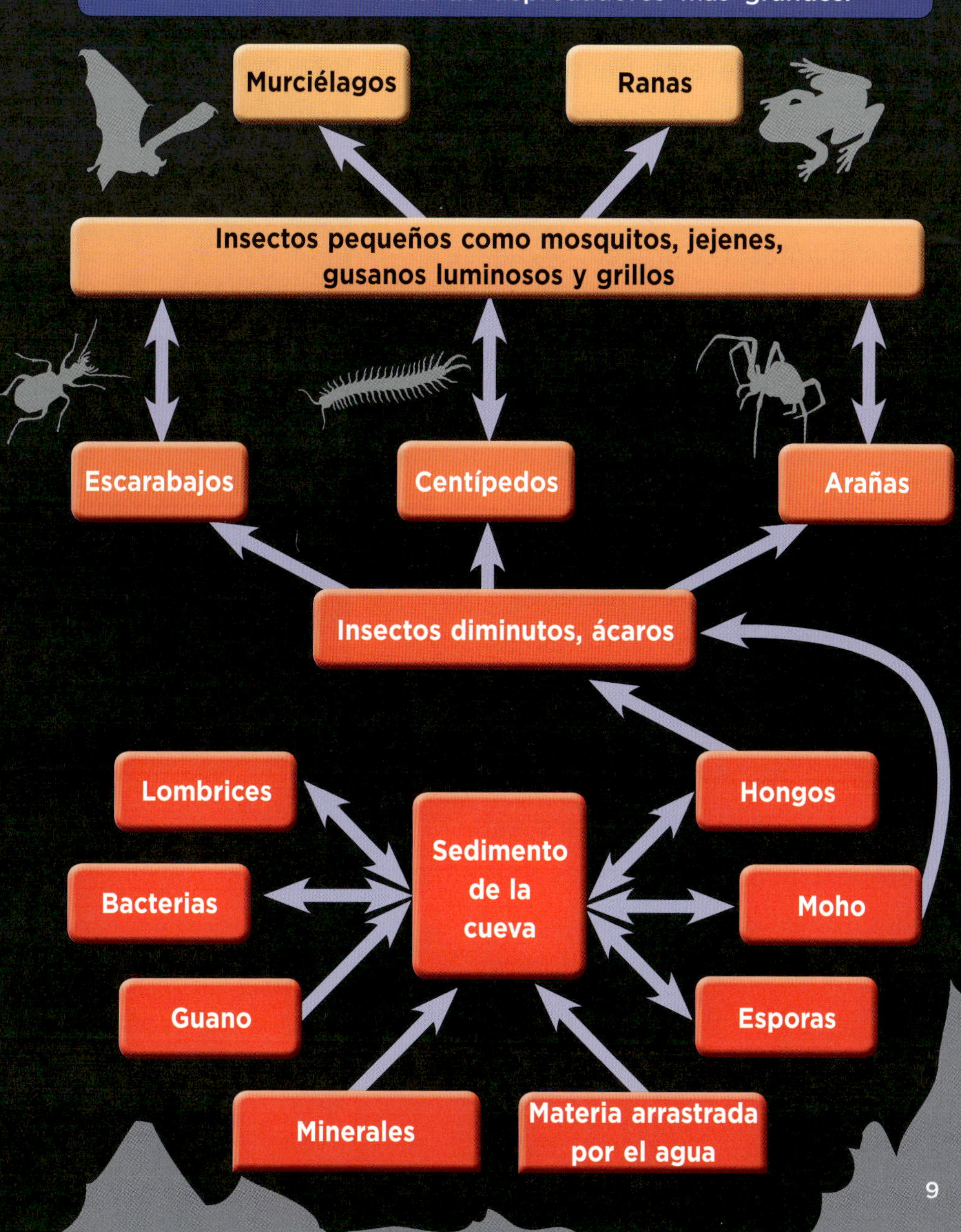

CAPÍTULO DOS

LUGARES OSCUROS Y SORPRENDENTES

Imagina que eres transportado bajo tierra hasta el corazón profundo de una cueva, llamado la zona oscura. Aquí no hay luz ni viento y las plantas no crecen. ¿Qué se necesitaría para vivir aquí?

Este insecto sin ojos y sin alas llamado dipluro tiene antenas largas y dos colas.

Dante Fenolio/Science Source/Getty Images

La vida en la zona oscura

Los animales que viven de forma permanente en esta zona oscura se llaman troglobios, o habitantes de una cueva. Sus adaptaciones son cuerpos pequeños, extremidades y antenas largas. Otras adaptaciones son menos obvias, como la habilidad de detectar olores o pequeñas vibraciones. Para estas criaturas sus adaptaciones son útiles para moverse y buscar alimento eficientemente en un ambiente negro donde la comida es muy escasa.

Este seudoescorpión no tiene ojos pero sí tiene tenazas muy largas.

Muchos troglobios han logrado adaptaciones diferentes de aquellas que necesitan los animales que viven en la superficie de la tierra para sobrevivir. Si vives toda la vida en la oscuridad, los ojos no son muy útiles. Por eso, los animales que viven en la zona oscura tienen ojos diminutos o no tienen.

En el mundo exterior, muchos animales tienen una coloración en su piel, llamada pigmento, que es una adaptación que protege a los animales del sol o los camufla. Pero en la zona oscura de una cueva no es necesario. Esa es la razón por la que algunos troglobios tienen la piel casi transparente. Aunque los animales con estas características están bien adaptados a la vida en lo profundo de una cueva, no sobrevivirían por mucho tiempo en el mundo exterior.

Detective del lenguaje

El texto subrayado tiene un pronombre relativo. ¿Cuál es ese pronombre relativo?

Este opilión de cueva tiene largas patas delgadas y un cuerpo diminuto. También es ciego.

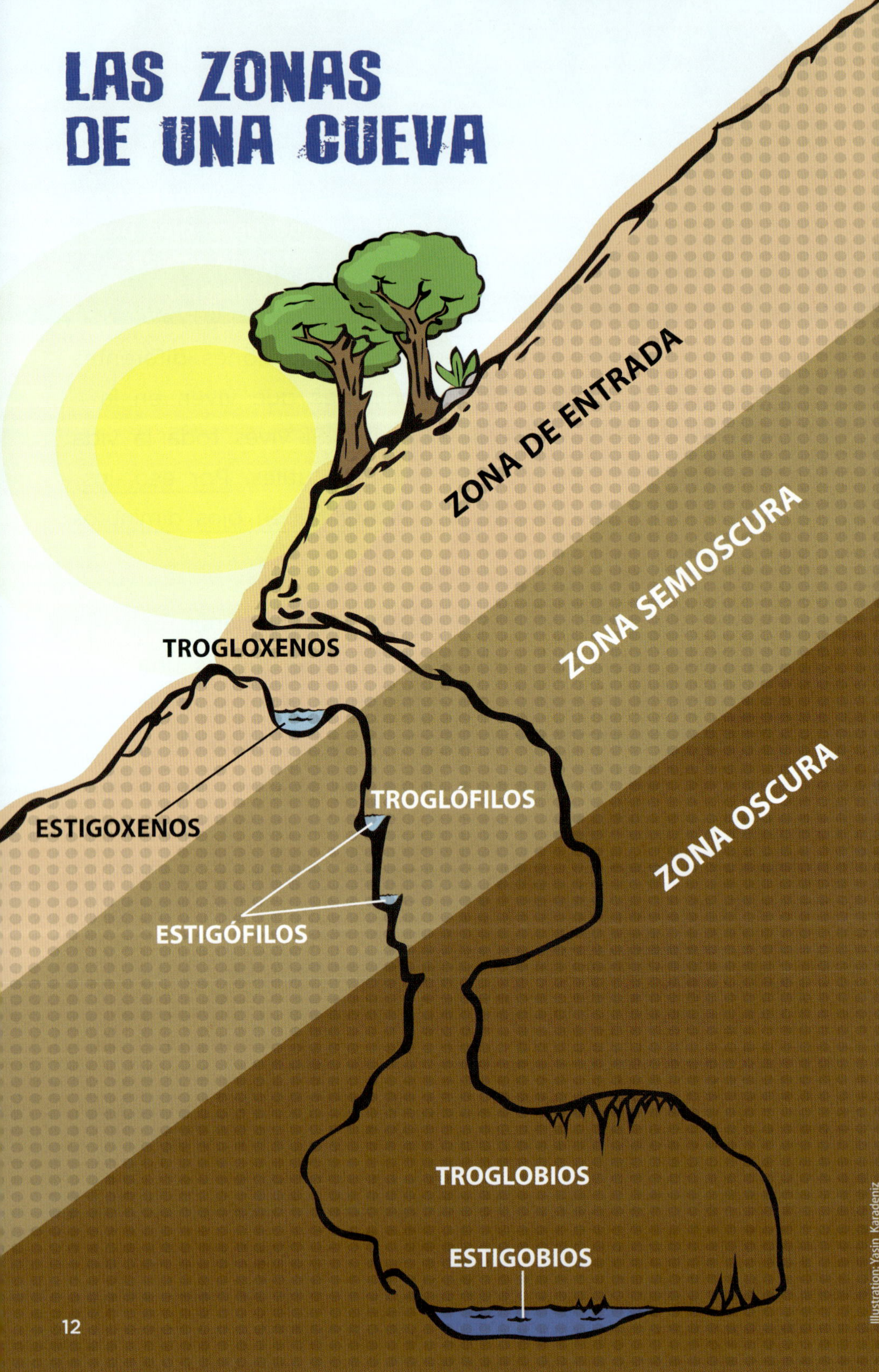
LAS ZONAS DE UNA CUEVA
ZONA DE ENTRADA
ZONA SEMIOSCURA
ZONA OSCURA
TROGLOXENOS
ESTIGOXENOS
TROGLÓFILOS
ESTIGÓFILOS
TROGLOBIOS
ESTIGOBIOS
Illustration: Yasin Karadeniz

La salamandra ciega de Texas no tiene ojos y caza sintiendo los movimientos de su presa en el agua.

Este cangrejo de cueva no tiene pigmento.

Habitantes acuáticos de las cuevas

Las criaturas que viven en la tierra no son los únicos habitantes de las cuevas. Muchas cuevas contienen redes de lagunas y arroyos subterráneos con animales **acuáticos** que han desarrollado adaptaciones especiales para vivir en el agua o a su alrededor.

Los habitantes acuáticos de las cuevas que no pueden vivir fuera de este ambiente se llaman estigobios. Los estigobios incluyen peces ciegos, salamandras sin ojos, cangrejos **translúcidos** y otros **crustáceos** sin pigmento.

El agua que corre en las cuevas subterráneas con frecuencia entra desde el exterior y vuelve a salir. Así transporta criaturas acuáticas hacia dentro y hacia fuera de la cueva. Los estigoxenos son visitantes acuáticos del exterior. Los estigófilos son amantes del agua, pero también pueden pasar períodos fuera de las cavernas.

Habitantes extremos de las cuevas

Se han descubierto criaturas en lugares inesperados. En 2001, se descubrieron estigobios diminutos parecidos a los camarones en cuevas calizas ubicadas bajo el desierto de Australia Occidental. Como el acceso a las cuevas es difícil, los científicos se quedan en la superficie y usan cañas de pescar y redes para recoger los animales diminutos. Una persona pescando en el desierto de Australia se vería un poco fuera de lugar, pero si ves a alguien haciéndolo, ¡ya sabes por qué!

Algunas cuevas proveen condiciones incluso más hostiles que las de un desierto. Pese a que estas cuevas son demasiado frías, demasiado calientes o demasiado tóxicas para la vida, los científicos han hallado formas de vida microscópica especialmente adaptadas a estos lugares. Los animales que están adaptados para vivir tales condiciones extremas se llaman extremófilos.

El tardígrado u oso de agua puede sobrevivir en los ambientes más hostiles del mundo: desde temperaturas tan altas como 304 °F (150 °C) a tan bajas como –458 °F (–272 °C). ¡Hasta pueden sobrevivir en el espacio!

Los extremófilos viven en las cuevas de hielo de Groenlandia.

La mayoría de los animales no podrían sobrevivir a las condiciones glaciales de las cuevas de hielo de Groenlandia. Sin embargo, los científicos han descubierto criaturas microscópicas que viven allá y son capaces de resistir las temperaturas bajo cero de las cuevas.

La cueva Villa Luz en México es otro entorno extremo. Emana un gas tóxico llamado sulfuro de hidrógeno. Los científicos les han puesto nombres a los microbios que viven en este gas tóxico: ¡*snottites* o estalactitas goteantes y lodosas, sustancia viscosa azul y bolas de baba! Los científicos que trabajan en la cueva llevan medidores para monitorear el nivel de gas en su interior.

La cueva Villa Luz en México es el hogar de extremófilos como esta bacteria que se alimenta de azufre.

(t) moodboard/Alamy, (b) Stephen Alvarez/National Geographic/Getty Images

CONCLUSIÓN

Muchas criaturas de las cuevas no podrían vivir en nuestro mundo. Las adaptaciones que las ayudan a vivir debajo de la tierra serían peligrosas para vivir en la superficie.

¿Cómo sabemos cuáles características de las criaturas de las cuevas son adaptaciones? ¿Y cómo sabemos de qué manera estas adaptaciones las ayudan a sobrevivir? Los científicos intentan responder estas preguntas. Estos investigadores suben, bajan y penetran estos espacios fríos y oscuros. Después observan pacientemente y toman fotografías para conocer mejor a estas criaturas.

Detective del lenguaje | **Busca un pronombre interrogativo en esta página.**

Oscar Dominguez/Newscom

Como las criaturas que viven en las partes más profundas de las cuevas no pueden desplazarse con facilidad a otra cueva, los científicos han descubierto especies únicas y raras. Algunas veces, los científicos llevan **organismos** a la superficie, imitan las condiciones de la cueva en sus laboratorios y examinan estos organismos microscópicos en detalle.

Los científicos han encontrado una asombrosa variedad de criaturas en las cuevas alrededor del mundo. Aún hay mucho que no entendemos sobre ellas y la manera en que viven. Para cualquiera interesado en explorar el mundo subterráneo, todavía hay muchas cosas para descubrir sobre la vida en las cuevas.

Robbie Shone/Aurora/Getty images

Resumir

Usa los detalles más importantes de *Criaturas de las cuevas* para resumir la selección. Usa el organizador gráfico como ayuda.

Causa → Efecto
→
→
→
→

Evidencia en el texto

1. ¿Qué características del texto te ayudan a identificar *Criaturas de las cuevas* como un texto expositivo? **GÉNERO**

2. En la página 11, ¿por qué algunos habitantes de la cueva tienen ojos diminutos y no tienen pigmento? ¿Qué palabras en el texto te ayudan a encontrar causas y efectos? **CAUSA Y EFECTO**

3. ¿Cuál es el significado de la palabra *hostiles* en la página 14? ¿De qué manera las claves en el párrafo te ayudan a descifrarlo? **CLAVES**

4. Escribe sobre tres criaturas de las cuevas y sus adaptaciones. ¿Cuál es cada adaptación y de qué manera le ayuda a la criatura a vivir en la cueva? Usa detalles del texto en tu escrito. **ESCRIBIR SOBRE LA LECTURA**

Género Fábula

Compara los textos

Lee un cuento folclórico que explica por qué los murciélagos solo vuelan de noche.

Por qué vuelan los murciélagos DE NOCHE

Una noche Rata invitó a su viejo amigo Murciélago a cenar.

"¡Oh, no!", pensó Murciélago. "¡Voy a comer el estofado aburrido y sin sabor que prepara Rata por millonésima vez!

Aunque Murciélago le había regalado a Rata un libro de cocina en su cumpleaños, Rata seguía preparando el mismo viejo estofado de la receta de su tía, una y otra y otra vez.

En esos días, Murciélago caminaba despacio de un lugar a otro. En el camino hacia la casa de Rata, se le ocurrió un plan astuto para obtener un poco de sabor en su comida.

—¡Rata! —exclamó Murciélago cuando llegó—. ¡Hay una competencia por el estofado de mejor sabor! ¡El ganador obtendrá todo un campo de trigo!

—¡Fantástico! ¡Voy a concursar! —dijo Rata.

Tengo una idea —dijo Murciélago—. Tu pelaje tiene un aroma tan agradable, verdadera esencia de roedor. Si brincas dentro del estofado por uno o dos minutos, tendrá mucho sabor. Ni siquiera necesitarás cambiar la receta de tu tía.

Pero los dos amigos no pensaron con cuidado sobre la idea de Murciélago. A ambos se les olvidó lo caliente que estaría el estofado. Rata saltó dentro de la olla que hervía a fuego lento y brincó de inmediato afuera dando un fuerte alarido.

El murciélago casi se muere del susto. ¡Corrió a la puerta y se fue sin probar el estofado!

Illustration: Barry Gott

Al día siguiente, la tía de Rata estaba furiosa y llevó a Rata a la corte del rey para quejarse. Ella pensó que, a propósito, Murciélago le había jugado una mala pasada a su sobrina. El rey ordenó que sus soldados buscaran a Murciélago y lo llevaran al castillo.

Sin embargo, los soldados no pudieron hallar a Murciélago, quien se escondió en una cueva oscura. Aun cuando fueron a inspeccionar la cueva, no lo pudieron ver. Murciélago estaba en lo alto, colgado patas arriba del techo de la cueva.

Desde ese día, Murciélago solo se aventuraba a salir en la noche. Recorría la oscuridad comiendo insectos frescos y jugosos. ¡Murciélago estaba contento porque los insectos eran más sabrosos que el estofado de Rata!

Moraleja: Para elaborar un buen plan, se debe analizar antes todos los aspectos.

Haz conexiones

¿Por qué crees que las personas crearon un cuento para explicar una adaptación de los murciélagos? **PREGUNTA ESENCIAL**

Según lo que aprendiste en *Criaturas de las cuevas,* ¿qué tan cierto es el cuento *Por qué vuelan los murciélagos de noche*? **EL TEXTO Y OTROS TEXTOS**

Illustration: Barry Gott

Glosario

acuático que vive en el agua ***(página 13)***

antena sensor delgado y sensible ubicado en la cabeza de un insecto ***(página 7)***

bacteria organismo simple de una sola célula ***(página 8)***

colonia grupo de animales de una misma especie que viven juntos ***(página 4)***

crustáceo animal cuyo esqueleto está ubicado en el exterior de su cuerpo ***(página 13)***

hongo ser vivo como los champiñones que no produce su propio alimento pero sí absorbe el alimento de la materia en descomposición ***(página 8)***

laberinto lugar que contiene muchos pasadizos y callejones sin salida ***(página 3)***

moho capa de hongos muy pequeños que se cría sobre una materia orgánica ***(página 8)***

nocturno que está activo de noche y no durante el día ***(página 4)***

nutriente alimento que contiene todo lo que una planta o animal necesita para vivir y crecer ***(página 8)***

organismo ser vivo como las plantas y los animales ***(página 17)***

refugio un lugar seguro ***(página 2)***

translúcido que se ve a través de él ***(página 13)***

Índice

Enfoque:

Ciencias

Propósito Explorar las adaptaciones que necesitaría un animal para vivir en una cueva

Procedimiento

Paso 1 Haz una lista de adaptaciones que le permiten a las criaturas habitantes de las cuevas vivir debajo de la tierra. Usa el texto e investiga en internet. ¿Para qué zona de la cueva es importante cada adaptación? ¿Cómo las ayuda cada adaptación a sobrevivir?

Paso 2 Elige dos zonas de la cueva. Haz una tabla con dos columnas. Rotula las columnas con cada zona. En cada columna lista las clases de adaptaciones que necesitaría un animal para poder vivir en esa zona, como cambios en los sentidos o el pigmento de la piel.

Paso 3 Elige uno de los nuevos animales e ilústralo con sus adaptaciones. Rotula las adaptaciones e incluye una leyenda que describa la zona de la cueva en donde viviría el nuevo habitante.

Paso 4 Presenta el animal adaptado a tu grupo.

Conclusión Compara las adaptaciones de tu nuevo habitante de las cuevas con las de un animal real de la misma zona. ¿En qué se parecen? ¿En qué se diferencian? ¿Se podría adaptar realmente tu nuevo animal a vivir en la zona que elegiste? ¿Por qué?